¡PRACTIQUEMOS DEPORTES!

EL BEISBOL

por Tessa Kenan

I0793847

TABLA DE CONTENIDO

tadpole en español

PALABRAS A SABER

base

bate

lanza

pelota de beisbol

se barre

swing

¡La pelota de beisbol vuela!

Él corre a primera base.

Luego corre
a la segunda.

Hay cuatro bases.

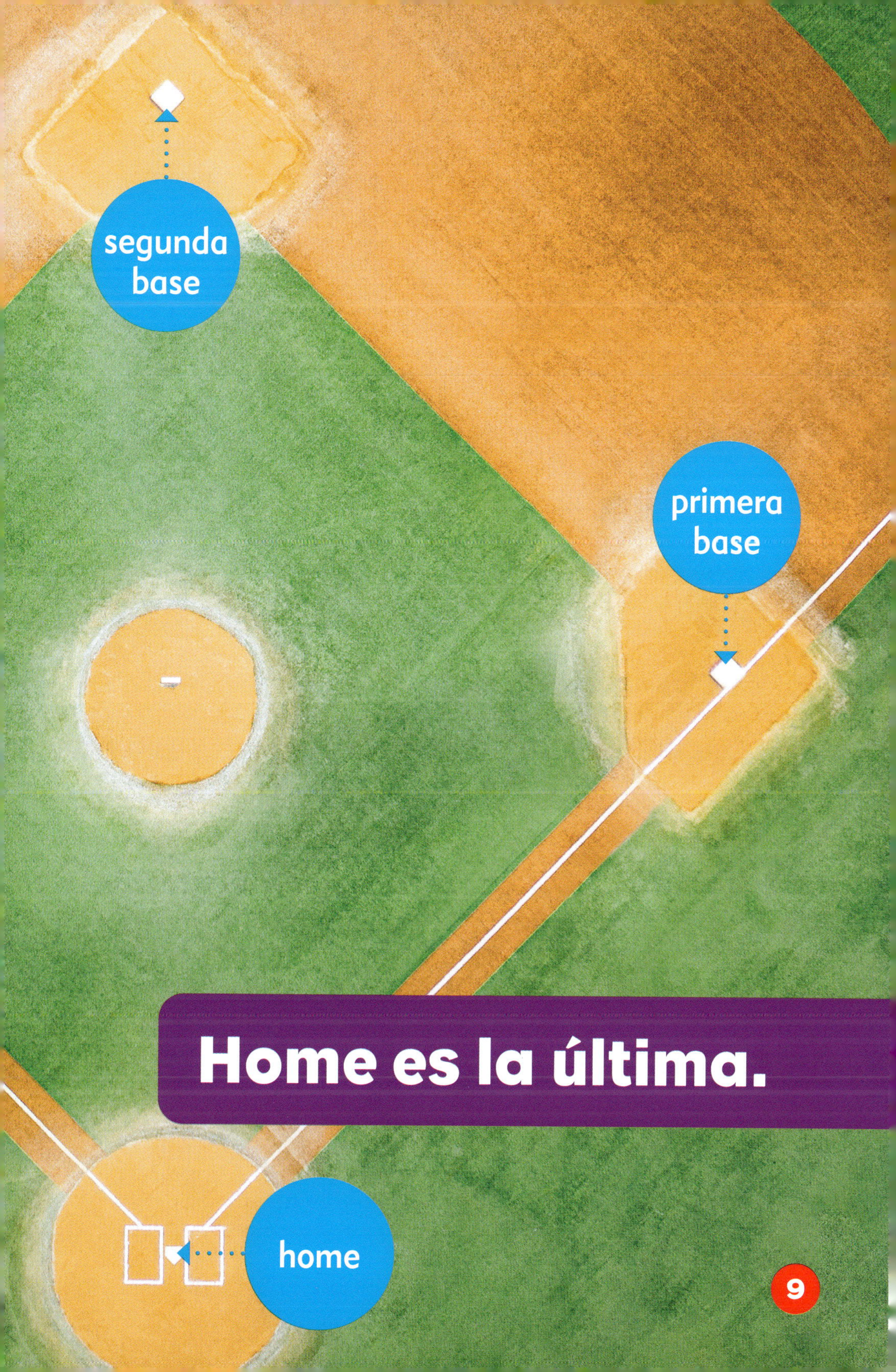

Home es la última.

Ella alcanza la pelota.

La lanza a home.

¡Demasiado tarde!

Él se barre en home.

¡Es un jonrón!

¡El equipo de ellos anota!

¡REPASEMOS!

Este es un diamante de beisbol. ¿Cuál base está circulada?

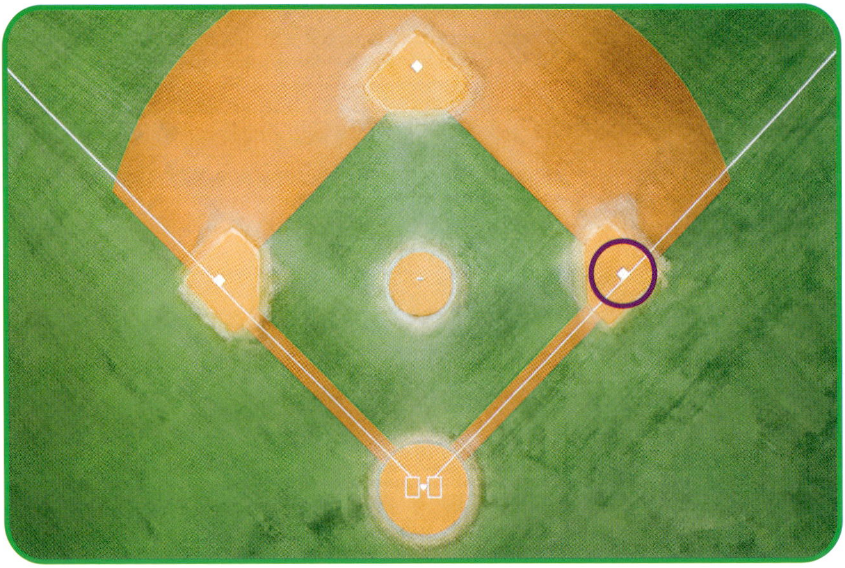

ÍNDICE